LA CENSURE

DU SYMBOLE

DES APOSTRES;

Par THEOPHILE RAYNAUD *Jesuite.*

Pour montrer qu'on peut tout condamner, quand on veut, & que
les Ouvrages les plus orthodoxes
ne seront pas à couvert des Cen-
sures, s'il est permis de donner
des sens étrangers & ridicules,
aux Propositions les plus exactes
& les plus vrayes.

MDCCXVII.

AVERTISSEMENT.

LE 30. Janvier 1631. M. l'Archevêque de Paris condamna deux Livres Anglois, dont l'un étoit de *Matthias Wilson*, *Vice-Provincial des Jesuites* en Angleterre, sous le nom emprunté de *Nicolas Smith* ; & l'autre de *Jean Floyde Jesuite Anglois*, sous le faux nom de *Daniel à Jesu*. Le 10. Fevrier suivant, les Archevêques & Evêques qui se trouverent à Paris au nombre de 34. flétrirent ces deux Ouvrages, & envoyerent leur Jugement aux autres Archevêques & Evêques de France. La Faculté de Theologie de Paris, fit en même temps la Censure de ces deux Livres, dont le but étoit de renverser l'Ordre de la Hierarchie dans l'Eglise.

Les Jesuites ne purent parer ce coup ; mais pour donner le

A 2   change,

change, ils s'aviſerent de juſ-
tifier leurs Confreres, aux dé-
pens même de la Religion, &
& ne craignirent point de la
profaner, en ſoûtenant que les
Ecrits condamnez étoient auſſi
orthodoxes que le Symbole. Ils
les mirent ſur la même ligne;
& il faut avoüer qu'il n'y avoit
que des Jeſuites qui pûſſent le
faire.

Ce fut leur Pere *Theophile Raynaud*, qu'ils chargerent de Cen-
ſurer, & de traveſtir de la ſorte
cette ſainte & vénérable Pro-
feſſion de nôtre Foy, & qui s'en
acquitta comme on le va voir.

Cette Piece eſt devenuë fort
rare, & il auroit été à ſouhait-
ter pour l'honneur de la Societé,
qu'elle n'eût jamais vû le jour;
mais on la donne en ce tems-cy,
pour faire voir aux Jeſuites eux-
mêmes, que s'ils crurent devoir
ſe ſoûlever contre la Condamna-
tion

tion de deux Livres, qui por-
toient un caractere visible de ré-
probation, & se plaindre qu'on
eût *détourné à des sens étrangers*,
le sens de leurs Auteurs; ils de-
vroient du moins parler avec
plus de respect qu'ils ne font,
des grands Prélats, qui depuis
près de quatre ans trouvent des
difficultez insurmontables sur
l'acceptation des cent-une Propositions de la Constitution
Unigenitus, qui est l'Ouvrage de
ces Peres. Car enfin, c'est le
dire avec le Public, & avec tout
ce qu'il y a de Personnes pieuses
& éclairées, & sans doute avec
infinimentplus de raison, que ne le
disoient les Jesuites de leurs Ecri-
vains en 1631. qu'il faut se donner du moins autant de torture,
pour trouver un sens condam-
nable dans les Propositions de
la Bulle, qu'il en faudroit pour
censurer le Symbole. L'Instruc-

tion Paſtorale de 1714. en eſt
une preuve évidente : il ſemble
que la Cenſure de Theophile
Raynaud luy ait ſervi de for-
mule ; on y voit que les Propo-
ſitions y ſont bien moins con-
damnées pour ce qu'elles diſent,
que pour ce qu'elles n'ont pas
dit. Quoi qu'il en ſoit , cette
Cenſure ſinguliere eſt une ſorte
d'armes que fournit la Societé ,
& qu'il eſt bon de tourner contre elle. La voici mot à mot ,
avec la Traduction Françoiſe.

Censura Symboli Apostolorum, ad instar nuperrimæ Censuræ quarumdam Propositionum ex duobus Libris Anglicano Idiomate conscriptis, excerptarum, Parisiis lata.

Admonitio ad Lectorem.

NE cui mirùm aut insolens videatur, si traditum ab Apostolis, & pridem ab Ecclesia receptum Fidei Christianæ Symbolum Censuræ subjiciamus; coëgit plurimorum hujus tempestatis hominum ingenium versipelle ac subdolum, qui sub prætextu Apostolicæ Autoritatis, anti-

Censure du Symbole des Apôtres, à l'instar de la Censure qui vient d'être faite à Paris, de plusieurs Propositions extraites de deux Livres Anglois.

Avertissement au Lecteur.

ON s'étonnera peut-être que nous osions faire ici la Censure du Symbole de la Foy, que les Apôtres nous ont laissé, & que l'Eglise a conservé de tout tems avec Religion. Mais nous sommes forcez en quelque façon de le faire, pour obvier aux artifices dangereux de plusieurs esprits in-

A 4 quiets

quiets de nôtre sié-
cle, qui voudroient,
sous prétexte de dé-
fendre la Tradition
Apostolique, sou-
tenir même publi-
quement des héré-
sies tant anciennes
que nouvelles, qu'-
ils auroient d'abord
semées sourdement
parmi les Peuples,
au grand scandale
de la Foy & de la
Religion. Nous
sommes malheureu-
sement tombez dans
ces tems fâcheux,
où tout est à crain-
dre pour ce qui
paroît le plus à
couvert; & quand
nous ne nous en se-
rions pas apperçûs
par nôtre exprience*

*quas hæreses ac no-
vas magno rei, Fi-
deique Catholicæ de-
trimento primùm
occultè spargere, ac
deindè apertè pro-
pugnare moliren-
tur. Nempè in ea
jam tempora peri-
culosa incidimus,
in quibus etiam
tutissima quæque ti-
menda videantur s
quod etsi proprio
experimento minùs
adverteremus, ex-
emplo certè alio-
rum abundè disce-
remus.*

Vidimus

* Il veut parler de la Censure du Livre d'*An-
toine Santarel, Jesuite*, par la Faculté de Theologie de Paris, du 4. Avril 1626. précédée d'un
Arrest du Parlement contre ce Livre du 13.
Mars de la même année. D'un autre Arrest
du Parlement, contre le Livre de *Mariana Jesuite.*

Vidimus enim, quantâ hisce diebus severitate, Parisiis damnatæ ac prohibitæ sint Propositiones pleræque, è duobus Libris Anglicano Idiemate conscriptis excerptæ, quamvis illa hactenus indubitata, & communi Ecclesiæ sensu sana, Catholicæque haberentur? non quòd genuino sensu intellecta quidquam,

personnelle; l'exemple des autres ne nous le feroit que trop sentir.

En effet, nous avons vû ces jours passez condamner dans Paris, avec une rigueur étonnante, des Propositions extraites de deux Livres Anglois, d'une vérité jusqu'à present incontestable, & parfaitement Catholiques par leur entiere conformité avec les sentimens de l'Eglise. Ce n'est pas qu'on y ait trouvé aucune erreur,

suite, du 8. Juin 1610. d'un Arrest du Parlement contre le Livre du Cardinal *Bellarmin Jesuite*, touchant la puissance du Pape dans les choses temporelles, du 26. Novembre 1610. d'un Arrest du Parlement contre le Livre de *Suarez Jesuite*, du 26. Juin 1614. Enfin de la Censure de la Faculté de Theologie de Paris, du Livre de *François Caraffe Jesuite*, du 1. Sept. 1626.

à les

à les prendre dans leur sens naturel ; mais c'est que certains mauvais esprits, ennemis de la Verité & de la Tradition de nos Peres, ont trouvé le secret de les détourner avec malignité, à des sens étrangers & suspects. Nous avons donc apprehendé, (& pouvions nous prudemment ne le pas craindre ?) que ces personnes mal - intentionnées, après avoir ainsi maltraité la simple vérité dans une matiere moins importante, & moins interressante pour le bien de l'Eglise, n'en vinssent bien-tôt à cet excès de témérité, de prophaner de même, par des

quàm falsi continerent, sed quod à perversis quibusdam Veritatis, & avitæ Pietatis hostibus, ad alios sensus mirâ perversitate detorquerentur. Ob eam causam, meritò ac prudenter timuimus, ne qui in re minoris momenti, & ex quâ non adeò magna inferre possint Ecclesiæ incommoda, nudam, atque apertam veritatem, tàm fœdè traducere conati sunt, ipsum postmodum Fidei Christianæ Symbolum, quod multò faciliùs & Majori Ecclesiæ Catholicæ detrimento, ad impios atque hæreticos sensus detorqueri potest, pari licentiâ

licentiâ & teme-
ritate violarent.
*Quorum conatus
sacrilegos, ut pro
ea quâ pollemus au-
toritate prævenia-
mus, è re Catho-
licâ futurum arbi-
tramur prædictum
Christianæ Fidei
Symbolum, nos-
trâ Censurâ cas-
tigatum, Catholi-
cis omnibus propo-
nere, ne quid in eo
deinceps supersit,
quod incautis Lec-
toribus offendicu-
lum subjiciat. Ro-
gamus autem bene-
volum Lectorem,
ne hoc factum nos-
trum sic interpre-
tetur, quasi revo-
care in dubium ar-
ticulos Fidei atten-
temus : id solum
spectamus, ut om-
nes intelligant,
quàm facile sit*

interprétations for-
cées & hérétiques,
le Symbole même
de la Foy des Chrê-
tiens : en quoi il
leur étoit encore
plus aisé de réüssir ;
& cela, dans une
matiere bien plus
sérieuse pour la Re-
ligion. C'est pour-
quoi afin de préve-
nir autant qu'il est
en nous, ces atten-
tats sacrileges; nous
croïons ne pouvoir
mieux faire, que de
donner aux Catho-
liques le Symbole
de leur Foy, avec
une Censure de nô-
tre façon; afin qu'il
ne s'y trouve rien
désormais dont on
puisse surprendre un
Lecteur peu atten-
tif. Nous prions au
reste ceux qui liront
cette Piéce, de ne
nous point soup-
çonnes

donner pour cela d'aucun doute sur ces articles fondamentaux de nôtre Foy. Ce que nous avons uniquement en vûë, c'est de faire comprendre à tout le monde, qu'il n'est rien de plus facile à faire, quand on le veut, que de forcer les véritez les plus évidentes, & de leur donner une infinité de tours différens, par où elles paroîtront entierement opposées à la saine Doctrine. Et par *etiam certissima quæque in varios sensus distrahere, qui à rectâ Fide alieni videantur, atque ita prudentibus appareat, Censuram Parisiensem ad cujus instar facta est, non esse hujusmodi, ut Autori Propositionum quæ damnantur, notam ullam possint inurere, si Censura illa cum hac nostra comparetur.*

ce moyen, nous réüssirons à montrer aux personnes raisonnables, que la Censure de Sorbonne, à l'instar de laquelle nous ferons la nôtre, n'est pas de nature à flétrir effectivement l'Auteur des Propositions qu'elle condamne. Je demande seulement qu'on veüille bien se donner la peine de comparer l'une avec l'autre.

ART.

ARTICULUS I.

Credo in Deum Patrem omnipotétem, Creatorem Cœli & Terræ.

CENSURA.

Primus ille Articulus, si intelligatur quasi solus Pater sit Deus omnipotens & Creator; Filius & Spiritus sanctus solùm Creaturæ sint, ideóque nec Filius verè ac substantialiter dici possit Deus, & omnipotens & Creator, similiterque Spiritus S. Propositio est impia, blasphema, individuæ Trinitatis destructiva, & pridem in sacro & œcumenico Nicœno Concilio, 318. E-

I. ARTICLE.

Je Croi en Dieu le Pere Tout-puissant, Créateur du Ciel & de la Terre.

CENSURE,

Si on entend ce 1. Article, dans ce sens qu'il n'y ait que le Pere qui soit Dieu tout-puissant, & Créateur ; que le Fils & le S. Esprit ne soient que des Créatures, & par consequent que ni l'un ni l'autre ne puisse être dit véritablement & substantiellement Dieu Tout-puissant & Créateur; la Proposition est impie, blasphématoire, tendante à détruire l'indivisible Trinité, autrefois

fois condânée dans le saint Concile de Nicée, composé de trois cens dix-huit Evêques, contre les impietez d'Arius. Et entant que cette même Proposition attribuë la création au Pere seul, elle est nouvelle, téméraire, erronée, contraire au sentiment unanime de l'Eglise, des SS. Peres, & de tous les Theologiens ; attendu que c'est un principe constamment reçû, que toutes les opérations de la Trinité *ad extrà*, appartiennent en commun & par indivis à toute la Trinité.

piscoporum, adversùs Arii impietatem damnata. Quatenùs autem soli Patri creationem attribuit, nova est, temeraria, erronea, contrà communem Ecclesia, Patrum, ac Theologorum omnium sensum prolata, cùm hactenùs receptum sit tanquam inviolabile Decretum, omnes Trinitatis actiones ad extrà, esse indivisibiliter toti Trinitati communes.

ART.

ARTICULUS II.

Et in Jesum Chri-
stum Filium e-
jus unicum Do-
minum nostrũ.

CENSURA.

Tota hæc Pro-
positio captiosa est
& fallax.

1°. In quantùm
omittit JesumChri-
stumFilium esse na-
turalem & consub-
stantialem Patri;
sic enim pericu-
losa est, & Doctri-
nam inducit hære-
ticam sæpiùs ab
Ecclesia in Conci-
liis Nicœno, Ephe-
sino, & Franco-
fordiensi, coràm
Carolo Magno
damnatam.

2°. Ratione Par-
ticulæ unicum,
omisso præsertim

ARTICLE II.

Et en Jesus-Christ
son Fils unique nô-
tre-Seigneur.

CENSURE.

Toute cette Pro-
position est captieu-
se, & conçûë avec
artifice.

1. En tant qu'elle
ne dit pas que J. C.
est le Fils naturel &
consubstantiel du
Pere ; car elle est
par-là dangereuse,
& induisante à une
Doctrine hérétique,
plusieurs fois ana-
thematisée par l'E-
glise dans les Con-
ciles de Nicée, d'E-
phese & de Franc-
fort, en présence de
Charlemagne.

2. A raison de la
Particule *unique* qui
s'y trouve, sans y
ajoûter

ajoûter la qualité de *Fils naturel*, ou *consubstanciel* : car en tant que la Proposition exclut les Enfans adoptifs de Dieu, dont le Seigneur lui-même dit au Pf. 81. v. 6. *J'ai dit, vous êtes des Dieux, vous êtes tous les Enfans du Très-haut*, Et l'Apôtre au Chap. 8. de l'Epître aux Romains : *Tous ceux qui font conduits par l'Esprit de Dieu, ceux-là font les Enfans de Dieu ; s'ils font Enfans, ils font donc aussi héritiers, de Dieu, & cohéritiers de J. C.* Elle est fausse, offensive des oreilles pieuses, injurieuse à tous les Justes & à tous les Saints.

naturalis *aut consubstantialis : Sic enim quatenùs Propositio etiam extenditur ad filios adoptivos, de quibus ipse Dominus* Pf. 81. v. 6. *ait :* Ego dixi, Dii estis, & filii Excelsi omnes : *Et Apostolus Rom.* 8. Quicumque Spiritu Dei aguntur, ii sunt Filii Dei... Si autem Filii & hæredes ; hæredes quidem Dei, cohæres autè Christi ; *falsa est piarum aurium offensiva, & Justis omnibus, & Sanctis injuriosa.*

3°. *Quatenùs esse Dominum, quod indivisâproprietate tribus Personis æqualiter convenit, soli Filio attribuit, obliquè insinuans unicam esse Divinam Personam, qua modò Patris, modò Filii, modò Spiritûs sancti appellatione significetur; hoc jampridem adversùs Sabellium universa Ecclesia tamquam impium atque hæretisum dãnavit.*

3. Entant qu'elle attribuë à la Personne seule du Fils la qualité de *Seigneur*, qui est une proprieté de Dieu indivisible, & commune aux trois Personnes, insinuant en quelque façon, qu'il n'y a en Dieu qu'une seule Personne, qu'on appelle tantôt Pere, tantôt Fils, tantôts Saint-Esprit; c'est ce qui a été autrefois condamné par toute l'Eglise dans l'Hérésiarque Sabellius, & anathematisé comme Impie & comme Hérétique.

ARTICLE III.

Qui a été conçû du S. Esprit, qui est né de la Vierge Marie.

CENSURE.

Toute cette proposition est pleine d'équivoques qui peuvent induire à l'Heresie, à cause de ces particules ambiguës *du* & *de* : & comme ordinairement la particule *de* emporte avec soi l'idée d'un principe de composition, par où on feroit entendre que J. C. est composé de la substance du S. Esprit, & qu'ainsi il seroit vrai de dire que le S. Esprit est le Pere de J. C. C'est pour

ARTICULUS III.

Qui conceptus est de Spiritu Sancto, natus ex Mariâ Virgine.

CENSURA.

Tota hæc propositio æquivocatione laborat, quæ inducere potest in hæresim propter ambiguas particulas de & ex, & quia ordinariè de habitudinem importat principii componentis, juxtà quam innuitur Dominum nostrum de substantiâ Sancti Spiritûs factum esse, & ita Spiritum Sanctum, verè dici posse Patrem Christi ; ideò propositio in hoc sensu falsa est, scandalosa,

losa, heretica, & divinarum origi-num confusionem atque eversionem inducens. Similiter quoniam tam par-ticula de, quàm particula ex con-sueto more loquen-di habitudinem prioris & posterio-ris inducit, & ea-tenùs insinuare vi-detur Christum posteriorem esse Spiritu Sancto. & antè Mariam non fuisse, quod pri-dem adversùs Ne-storium tamquam falsum & hæreti-cum damnatum est, ideò propositio hoc sensu intellecta, hæretica est. Deni-que si ita Christus dicitur natus ex Mariâ Virgine, ut quidquid in Christo est, ex eâ

cela que la proposi-tion prise en ce sens est fausse, scanda-leuse, heretique; emportant avec soi la confusion & la destruction des Pro-cessions Divines. Pareillement, com-me cesdites particu-les *du* & *de* selon l'usage ordinaire, renferment en soi l'idée de priorité & de posteriorité, pa-roissant insinuer par-là que J. C. est po-sterieur au S. Esprit, & qu'il n'existoit point avant Marie, ce qui a été autre-fois condamné dans Nestorius comme faux & heretique. La proposition prise en ce sens est hérétique. Enfin, si lorsqu'on dit que J. C. est né de la Vierge Marie, on entend que tout

 ce

ce qui est en J. C. il l'a pris de sa mere, ensorte qu'on pût dire que Marie est la Mere de la Divinité, la proposition entenduë selon ce sens, est fausse, heretique, & très-dangereuse dans la consequence.

natum statuatur, quasi B. Virgo etiã dici possit Mater Divinitatis, in hoc sensu propositio falsa atque hæretica est, & in consequentiâ valdè periculosa.

ARTICLE IV.

Qui a souffert sous Ponce Pilate, a été crucifié, est mort, a été enseveli.

ARTICULUS IV.

Passus sub Pontio Pilato, cruci-fixus, mortuus & sepultus.

CENSURE.

Cette proposition est ambiguë & heretique en un sens. Car comme en toute autre chose les actions & les passions sont tellement propres aux suppôts, qu'on les attribuë aussi à la nature à

CENSURA.

Hæc propositio ambigua est, & aliquo sensu hæretica. Nam cùm propriè in cæteris rebus ita actiones & passiones sint suppositorum, ut etiam natura cujus propria est hyppostasis attri-

tribuantur, & ob hanc causam, mortuâ vel abscissâ manu non rectè proptereà homo mortuus dicatur, nisi ipsa natura humana dissolvatur; ideò periculosa est propositio, & juxtà obvium illum sensum intellecta, quasi Divinitas aliquid passa aut mortua fuerit, non solùm hæretica est, sed etiam impia & blasphema.

laquelle appartient l'hypostase ou la personne, & qu'ainsi quand un bras est mort dans le corps d'un homme, on ne dit pas pour cela que l'homme soit mort, à moins que la nature humaine elle-même ne soit périe; il s'ensuit que la proposition susdite est périlleuse; & si on l'entend selon le sens qu'elle presente naturellement, sçavoir que la Divinité ait souffert quelque chose, ou soit morte, non seulement elle est heretique, mais encore impie & blasphematoire.

ARTICLE V.

Qui est descendu aux Enfers, est ressuscité des morts.

CENSURE.

Cette proposition, en tant que le terme *est descendu*, qui s'y trouve appliqué à la personne de J. C. semble insinuer que la Divinité est aussi descenduë aux Enfers, quoique par son Immensité elle soit presente partout, & qu'elle ne puisse par - consequent passer d'un lieu à un autre, monter au Ciel, ou descendre dans les Enfers; cette proposition, dis-je, eu égard à ce qui vient d'être dit, est perilleuse, & peut conduire à l'erreur.

ARTICULUS V.

Descendit ad Inferos, resurrexit à mortuis.

CENSURA.

In hâc propositione, quatenùs Verbum descendit, relatum ad personam Christi, insinuare videtur ipsam quoque Divinitatem ad Inferos descendisse, cùm tamen Divinitas propter immensitatem ubique existens moveri non possit à loco in locum, ac proinde non ascendere in Cœlum, nec descendere ad Inferos; ideò periculosa est, & inducere potest in errorem. Intellecta verò de animâ Christi, si sensus sit

sit animam Christi ad pœnas Inferni descendisse, & eas reipsâ sustinuisse, propositio est hæretica, scandalosa, piarum aurium offensiva, & ex Calvini Doctrinâ, L. 2. Instit. capit. 16. parag. 10. desumpta.

Que si on ne l'entend que de l'ame de J. C. en sorte néanmoins qu'on prétende que l'ame de Nôtre Seigneur est descenduë dans les tourmens de l'Enfer, & qu'elle les a effectivement endurez, la proposition est heretique, scandaleuse, offensive des pieuses oreilles, & expressément tirée de la Doctrine de Calvin au Liv. 2. de ses Institutions, chap. 16. paragr. 10.

ARTICULUS VI.

Ascendit ad Cœlos, sedet ad dexteram Dei Patris Omnipotentis.

ARTICLE VI.

Qui est monté aux Cieux, qui est assis à la droite de Dieu le Pere Tout-Puissant.

CENSURA.

Ista quoque pro-

CENSURE.

Si on entend encore cette proposition de l'Ascension de J. C. au Ciel, quant à sa Divinité, elle est fausse & erronée, comme la précedente. Et en tant qu'on y dit que J. C. est assis, & qu'en le disant d'une manière indéfinie, & par conséquent dans un sens d'universalité, on paroît affirmer la chose pour tous les temps; de sorte que si on entend par-là, que J.C. est toûjours assis, qu'il ne soit jamais debout, & qu'il ne passe jamais d'un lieu à un autre, tandis qu'au rapport des Actes des Apôtres ch. 7. v. 55. S. Estienne l'a vû debout dans le Ciel, & que selon S. Jean dans l'Apocalypse,

positio intellecta de Ascensione Christi in Cœlum secundùm Divinitatem, perindè ac superior falsa est & erronea. Quatenùs autem asserit Christum sedere & indefinitè ac proindè etiam universaliter, id pro omni tempore statuere videtur: ideò si ita intelligatur Christum semper sedere ut neque stet unquam, neque etiam aliquando de loco in locum moveatur, cùm & Act. 7. v. 55. Stephanus stantem eum in Cœlo viderit, & Joannes in Apoc. 14. v. 4. de Virginibus dicat, eas Agnum perpetuò sequi quocumque ierit; propositio

tio sic intellecta temeraria est, & expresso Dei verbo contraria. Denique in quantùm hac eadem propositio Deo Patri etiam dextram attribuit, Anthropomorphitarum hæresim redolet, & in eorum errorem inducit.

ch. 14. v. 4. les Vierges suivent continuellement l'Agneau par-tout où il va ; la proposition entenduë selon cette explication, est temeraire, & directement contraire aux paroles expresses de l'Ecriture. Enfin, entant qu'elle donne à Dieu le Pere une main droite, elle ressent l'heresie des Antropomorphites, & conduit à leurs erreurs.

ARTICUL. VII.

Inde venturus est judicare vivos & mortuos.

ARTICLE VII.

D'où il viendra juger les vivans & les morts.

CENSURA.

Ista propositio quatenùs ita asserit Christum judicaturum esse vivos & mortuos, ut ne-

CENSURE.

Comme cette proposition assure que J. C. jugera les vivans & les morts, comme si elle ex-

cluoit

cluoit le Pere & le S. Esprit de cette fonction, laquelle est pourtant un Acte d'une Autorité Souveraine, & par consequent Divine, & d'ailleurs une action *ad extrà*, & partant commune à toute la Trinité; c'est pour cela que cette proposition entant qu'elle est limitée à la personne seule de J. C. & même à son Humanité seule, est fausse, téméraire, & erronnée. Et quand on y dit que J. C. ne jugera pas seulement les morts, mais encore les vivans, elle est équivoque & captieuse. Ainsi si l'on entend qu'il y a des hommes qui ne mourront point, & qui paroîtront au Juge-

gare videatur Patrem & Spiritum Sanctum esse judicaturos, cùm & actio suprema atque adeò Divinæ authoritatis sit, eaque externa ac proinde toti Trinitati communis: ideóque propositio hâc ratione ad solam personam Christi, multóque magis ad solam naturam ejus humanam limitata, falsa, temeraria & erronea est. Quatenùs autem eadem quoque propositio asserit Christum judicaturum esse non solùm mortuos, sed etiam vivos, ambigua est & fallax; undè si sensus est quosdam homines non esse morituros, eosque non priùs vitâ

vitâ defunctos ad judicium esse perducendos, propositio nova est, temeraria, falsa & erronea, nec non Verbo Dei & communi PP. totiusque Ecclesiæ sensui contraria.

ARTICUL. VIII.

Credo in Spiritum Sanctum.

CENSURA.

Hæc Propositio malignè proposita est, & ex affectata brevitate meritò suspecta haberi potest. Subdolè enim Spiritûs Sancti Divinitatem, ejusque à Filio & Patre processionem tacet, proindè Arianam hæresim redolet, Schismati Græco-

ment sans être morts auparavant, la proposition est nouvelle, téméraire, fausse, & erronée, contraire en outre à la parole de Dieu, & au sentiment universellement reçû de l'Eglise & des SS. PP.

ARTICLE VIII.

Je croi au Saint-Esprit.

CENSURE.

Cette Proposition est énoncée avec une espece de malignité, & sa brieveté affectée la rend suspecte avec raison; car elle passe à dessein sous silence, la Divinité du S. Esprit, & sa procession du Pere & du Fils, en quoi elle ressent l'Aria-

C 2 nisme,

nisme, elle favorise indirectement le Schisme des Grecs, & elle divise l'indivisible Trinité.

En un mot, toute cette explication de la Divine & indivisible Trinité, contenuë dans les huit artic. précédens, est tronquée & dangereuse, & elle ne peut servir qu'à détourner les Fidéles du culte qu'il doivent indivisiblement aux trois Personnes de la Sainté Trinité : En sorte que sous prétexte de chercher la brieveté, & d'éviter des explications inutiles, elle renverse artificieusement tout le Mystére de la Trinité ; quoique la Foi parfaite & explicite de ce Mystére, soit né-

rum favet obliquè, individuâque Trinitatem dissolvit.

Denique, tota explicatio Divinæ atque Individua Trinitatis, octo istis articulis compréhensa, manca & periculosa est, avertitque fidelem Populum à cultu & reverentiâ, tribus Divinis Personis indivisè, atque inseparabiliter debitâ ; & sub prætextu brevitatis, & non necessaria explicationis, subdolè totum Trinitatis Mysterium evertit : cùm tamen perfecta ejus & explicita Fides medium sit ad salutem necessarium ; Vixque

tota

tota hæc Doctrina excusari potest à dolo, quòd nullam de Filii & Spiritûs Sancti Divinitate, aut etiam Æternitate mentionem faciat, sed contrarium de Filio in Articlo 3. insinuet.

cessaire au salut, de nécessité de moïen. Enfin on ne peut point excuser toute cette Doctrine d'artifice, en ce que l'on n'y dit pas un mot de la Divinité, ni même de l'Eternité du Fils & du S. Esprit, & qu'on insinuë même le contraire de la Personne du Fils dans l'article troisiéme.

ARTICULUS IX.

Sanctam Ecclesiam Catholicam, Sanctorum Communionem,

ARTICLE IX.

La Sainte Eglise Catholique, la Communion des SS.

CENSURA.

Propositio hæc multiplici periculosâ æquivocatione, & affectatâ obscuritate errorem pegit. In pri-

CENSURE.

Cette Proposition renferme plusieurs erreurs cachées, sous des équivoques dangereuses, & enveloppée dans

 une

une obſcurité affec-
tée. Et d'abord on
ne ſçait pas bien ce
qu'on entend , par
*croire la Sainte Egliſe
Catholique.* Si on en-
tend qu'il faut ajoû-
ter foi aux Déci-
ſions de l'Egliſe ,
par excluſion de cel-
les que pourroit fai-
re le Chef de l'Egli-
ſe tout ſeul , entant
que le Pape ne pou-
roit décider rien
hors du Concile, qui
fût de Foi ; la Pro-
poſition eſt témérai-
re , ſcandaleuſe , &
extrêmement inju-
rieuſe au Souverain
Pontife. Il n'eſt pas
clair encore en quel
ſens on appelle l'E-
gliſe ſainte : ſi on
prétend par-là qu'il
n'y a que les Saints
qui ſoient dans l'E-
gliſe , par excluſion
de tous les mauvais

*mis enim ambi-
guum eſt & obſcu-
rum , quid ſit ,
Credere ſanctam
Eccleſiam Ca-
tholicam. Et ſi
ſenſus eſt adhi-
bendam eſſe fidem
Definitionibus Ec-
cleſiæ , cum exclu-
ſione definitionum
quæ fieri poſſent à
ſolo ejus Capite ,
quaſi Papa, extrà
Concilium , nihil
definire poſſet quod
ſit de Fide : Pro-
poſitio eſt temera-
ria , ſcandaloſa ,
& Summo Ponti-
fici vehementer in-
jurioſa. Deindè
dubium eſt , quo
ſenſu Eccleſiam
dicat eſſe ſanctam:
Et ſi ſenſus ſit in
Eccleſia ſolos San-
ctos & non multos
malos contineri :
Propoſitio falſa eſt,*
hære-

hæretica, & Verbo Dei, communique Patrum sensui contraria. Eodemque modo recipiendum, & quod de Sanctorum Communione adjungitur, si inter solos Sanctos bonorum spiritualiumCommunio admittatur, cùm Fide certum sit omnes qui in Ecclesia sunt, tàm bonos quàm malos, in bonorum spiritualium saltem aliquorum comunione uniri, At si per CōmunionemSanctorum, non tantùm bonorum spiritualium, sed quorumcūque etiam aliorum communio intelligeretur, propositio est absurda, à Fide & rectâ ratione alie-

Chrêtiens : la Proposition est fausse, hérétique, & contraire à la parole de Dieu, & au sentiment de tous les Saints Peres. Il faut pareillement rejetter ce qu'on ajoûte ensuite de la Communion des Saints; si on ne met la communion des biens spirituels qu'entre les Saints, vû qu'il est de Foi, que tous ceux qui sont dans l'Eglise, bons ou mauvais, sont unis ensemble par la participation des biens spirituels, au moins de quelques-uns. Mais si on entendoit par cette Communion des Saints, une communion non seulement de biens spirituels, mais en général de toute

coute sorte de biens
d'une autre nature :
La Proposition se-
roit absurde, oppo-
sée à la Foi & à la
droite raison, & ten-
dante à introduire
la confusion des A-
nabaptistes.

ARTICLE X.

La rémission des pechez.

CENSURE.

Cette Proposition
conçûë en des ter-
mes si vagues & si
généraux, est en-
core ou fausse, ou
dangereuse ; car si
on l'entend d'une
rémission parfaite
& absoluë de tous
les pechez, même
de ceux que nous
commettons tous
les jours, laquelle
rémission déja faite
par Jesus - Christ,

na , & Anabap-
tistarum confusio-
nem induceret.

ARTICULUS X.

Remissionempec-
catorum.

CENSURA.

*Ista quoque Pro-
positio sub his ge-
neralibus terminis
concepta , vel fal-
sa , vel periculosa
est ; Intellecta e-
nim de perfecta &
absoluta peccato-
rum ommium , e-
tiam eorum quæ
quotidiè committi-
mus , remissione ,
jam à Christo fac-
tâ , & nobis se-
mel in Baptismo
appli-*

applicatâ : hoc sensu hæretica est, & Sacramenti Pœnitentiæ destructiva.

ARTICULUS XI.

Carnis resurrectionem.

CENSURA.

Si intelligatur de Resurrectione quasi jam factâ, & ampliùs non futurâ : propositio hæretica est, jam olim ab Hymenæo & Phileto asserta, & ab ipso Apostolo Paulo 2. Tim. 2. ⱴ. 18. damnata. Intellecta verò de Resurrectione futurâ, sed de carne animali, hoc

nous seroit une fois appliquée dans le Baptême : la proposition ainsi expliquée est heretique, & préjudiciable au Sacrement de la Pénitence qu'elle détruit.

ARTICLE XI.

La résurrection de la chair.

CENSURE.

Si on veut parler ici de la Résurrection comme déja faite, & non plus à faire, la proposition est hérétique, soutenuë autrefois par Hymenée & Philéte, & condamnée dans leur personne par S. Paul lui-même dans la 2. Ep. à Timothé c. 2. ⱴ. 18. Que si on l'entend de la Résurrection

surrection qui doit se faire un jour ; mais que par la chair qui doit ressusciter, on entende une chair animale, c'est-à-dire, sujette aux passions, aux opérations & aux nécessitez de la vie animale : la proposition est fausse, & erronée, approchante des impietez de Mahomet, & contraire à la parole expresse de Dieu, 1. Cor. 15. ℣. 42. & suivans.

est, quæ iisdem animalibus desideriis, operationibus ac necessitatibus subjecta sit : propositio falsa, atque erronea est, & Mahometis impietatem sapit, contrà expressam Verbi Divini autoritatem, 1. Cor. 15. ℣. 42. & seqq.

ARTICLE XII.

La Vie éternelle.

CENSURE.

Cette proposition énoncée indéfiniment, & d'un maniere universelle, qui comprend tous les hommes, comme

ARTICULUS XII.

Vitam æternam.

CENSURA.

Hæc propositio, quatenùs indefinitè proponitur, atque ità universaliter extenditur ad omnes, excludendo mortem

mortem æternam,
quâ injusti pu-
nientur : falsa,
scandalosa & hæ-
retica est, januam-
que vitiis omni-
bus aperit, &
Deistarum hujus
temporis impieta-
tem atque insaniam
sapit.

AD LECTOREM.

Hac debes Cen-
sura Parisiensi,
Christiane Lector,
quòd possis certis-
simos Symboli ar-
ticulos, Divinæ
Fidei regulas, in
pravos & hereti-
cos sensus facilè
detorquere. Eâ-
dem enim Me-
thodo, iisdem
sententiis, imò,
ut plurimùm, ver-
bis, propositiones
Apostolicas teme-
ritatis, erroris &

pour exclurre la
mort éternelle, donc
les impies seront
punis, est fausse,
scandaleuse & héré-
tique : elle ouvre la
porte à tous les vi-
ces, & elle ressent
les impietez & les
rêveries des Déïs-
tes de nôtre sié-
cle.

AU LECTEUR.

Vous avez cette
obligation à la Cen-
sure de Sorbonne,
mon cher Lecteur,
de pouvoir à pré-
sent détourner à des
sens mauvais & hé-
rétiques, les arti-
cles les plus cer-
tains du Symbole,
& les régles de Foi
les plus constantes.
Car la méthode, les
pensées, & les mots
même pour l'ordi-
naire dont nous
nous sommes servis
pour

pour noter de témérité, d'erreur & d'hérésie, les propositions même des Ss. Apôtres, sont absolument les mêmes qu'ont employez les Docteurs de Paris, pour censurer les propositions extraites des deux Ouvrages Anglois.

Que si cette Censure du Symbole des Apôtres vous déplaît, apprenez de-là le cas que vous devez faire du Jugement de la Faculté de Théologie

hæresis damnavimus, quibus Magistri nostri Anglicana pronuntiata confixêrunt.

Quòd si istam Symboli Censuram non probas, Academico Senatui ne subscribito. Vale.

de Paris.

Les Jesuites ne manqueront pas de dire que cette Censure n'est pas de leur P. Theophile Raynaud, qu'il l'a desavoüée dans ses derniers Ouvrages, & qu'il a assuré qu'elle étoit d'un autre Autheur. Mais à cela je répouds, 1. que ce P. n'a desavoüé cette Piece, que parce qu'elle avoit déja été cause de la Censure de plusieurs de ses Ecrits, & qu'il craignoit encore pour les autres. 2. Qu'il est du moins très-certain qu'elle est d'un Ecrivain de la Compagnie, puis qu'aucun autre n'avoit intérêt de tourner ainsi en ridicule les Censeures de leurs Autheurs.